AF503327

ALPHABET
DACTYLOLOGIQUE
orné de dessins variés présentant
deux exemples pour l'application de
chacun des signes dactylologiques.
PAR
J. CLAMARON
Imprimeur-Éditeur
d'alphabets à l'usage des Sourds-Muets
à
L'INSTITUTION NATIONALE
DES SOURDS-MUETS DE PARIS.
1875
Pain
viande
vin

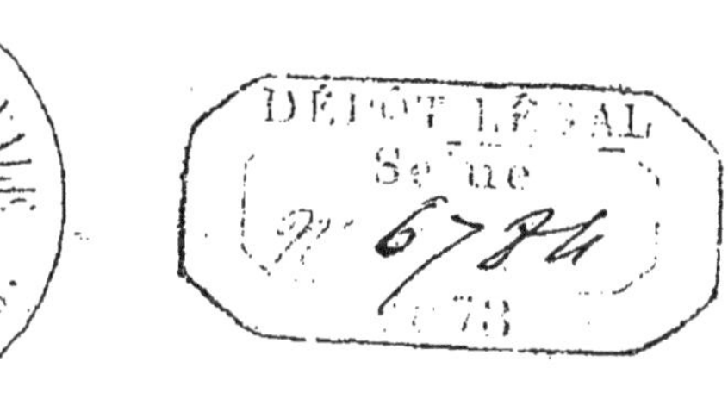

La possibilité d'instruire le Sourd-Muet une fois reconnue et mise en pratique, son infirmité a été largement atténuée par les soins qu'on met à développer son intelligence.

Pour hâter ce développement intellectuel, il faut faciliter, en même temps que rendre plus nombreuse ses relations avec le monde extérieur.

Pour communiquer avec lui, sauf la mimique, don gracieux que la nature elle-même a fait au Sourd-Muet, comme si elle avait voulu le dédommager des rigueurs du sort à son égard, il n'est pas de moyen plus prompt et plus à la portée de toutes les intelligences que la dactylologie.

La dactylologie n'est autre chose que la reproduction de l'écriture dans l'espace, et par cela même essentiellement rapide.

Différents essais d'alphabet manuel ont été tentés, mais aucun n'est sorti du cadre étroit que forment les vingt-cinq positions de la main pour représenter les vingt-cinq lettres de notre langue.

Un quart de page suffisait à indiquer les lettres et les positions de la main.

Le trop de simplicité était ici une cause de complication et d'embarras.

La nécessité de grouper avec facilité, les divers éléments qui constituent le mot, obligeant à des recherches, nous avons trouvé plus simple de supprimer cette difficulté.

Le nom de chaque dessin exprimé par des signes dactylologiques fournira une véritable lecture.

Ce sera le mot écrit dactylologiquement.

Les dessins auront un autre avantage.

Ils donneront la clef de l'idée qu'ils représentent.

A la vue du dessin, tout le monde pourra faire le signe indiqué par la gravure, et par conséquent, s'exprimer dans le langage du Sourd-Muet, et se faire comprendre de celui-ci.

Ces quelques signes exprimant des idées usuelles ne seront pas sans utilité pour ceux qui désirent converser avec le Sourd-Muet.

En imprimant cet ouvrage, nos vœux seraient comblés, si les dessins dont notre alphabet est accompagné, et l'attrait auquel nous nous efforçons d'atteindre, le rendaient agréable et utile à ceux qui ont à cœur l'intérêt des Sourds-Muets.

ALPHABET

MANUEL DES SOURDS-MUETS.

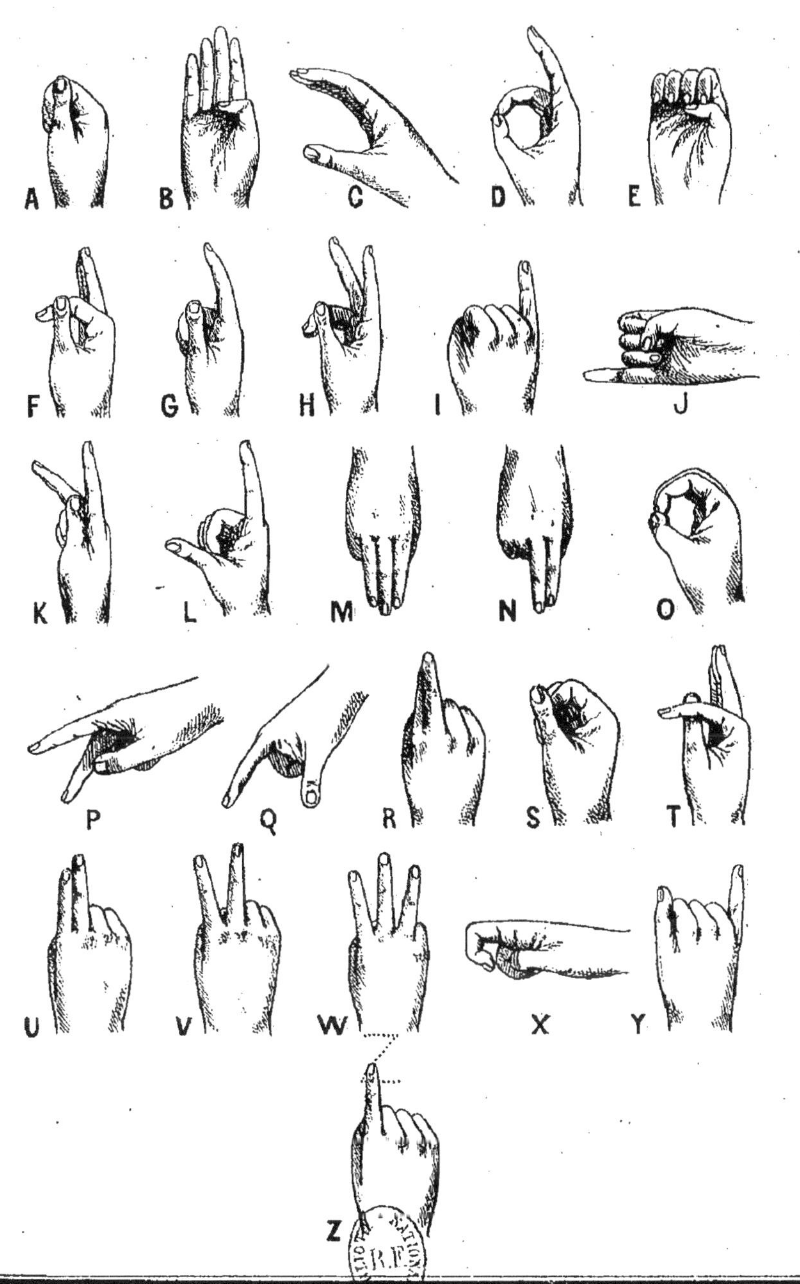

A
Âne
Arbre

B B

Bœuf Balance

Chasseur

Cheval

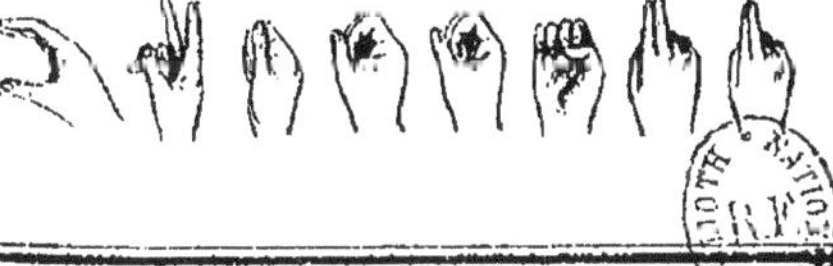

C

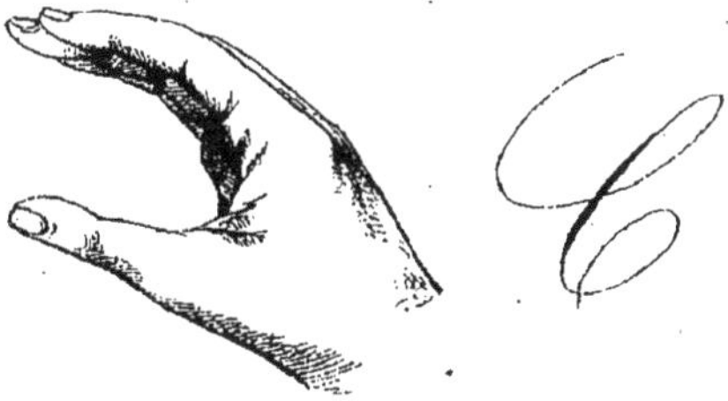

Chasseur

Cheval

D
Dieu
Dame

E 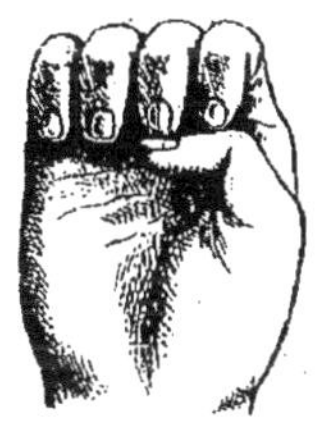 E

Eau

Enfant

F
Fou
Faucheur

G 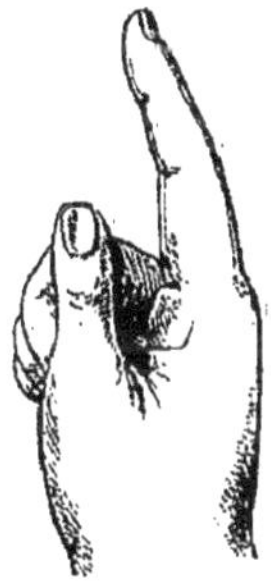 G

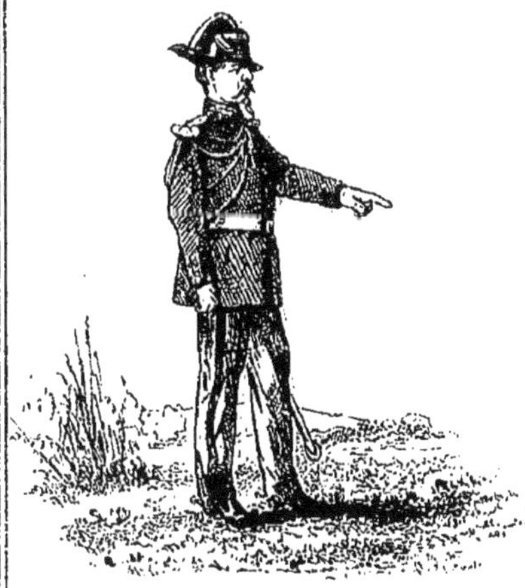

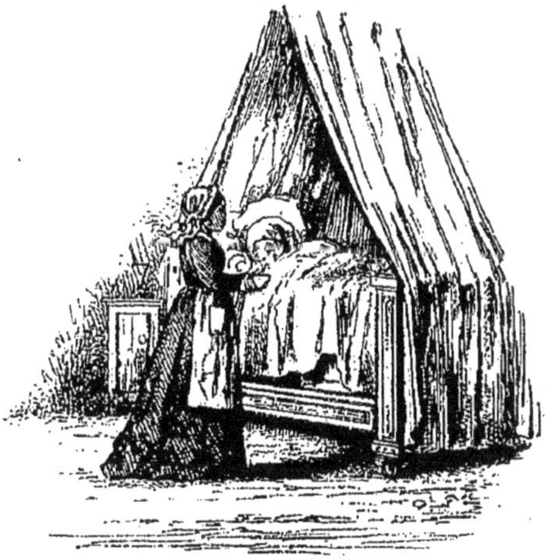

Gendarme

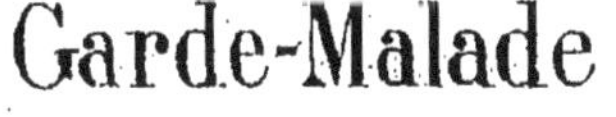

Garde-Malade

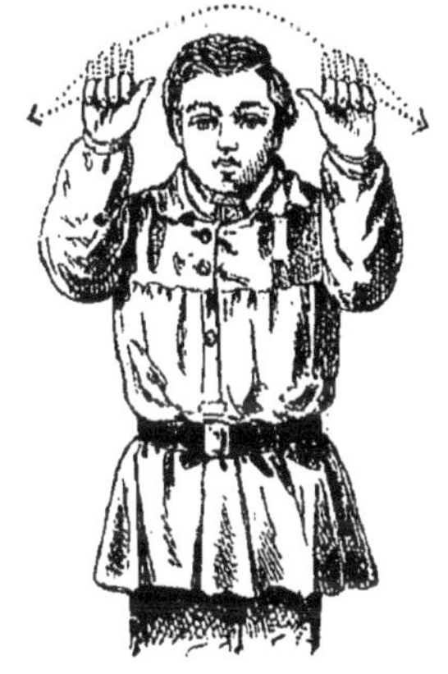

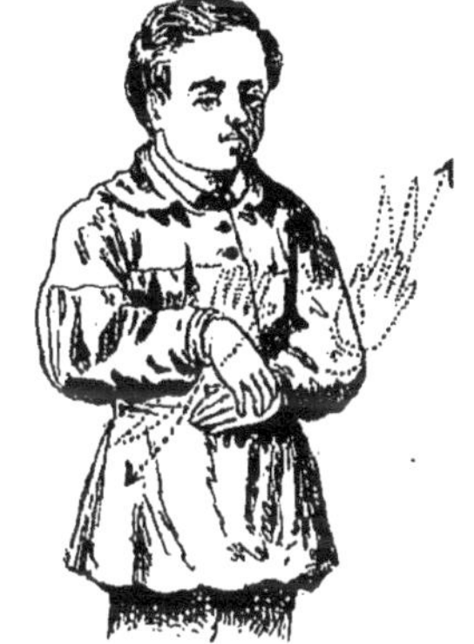

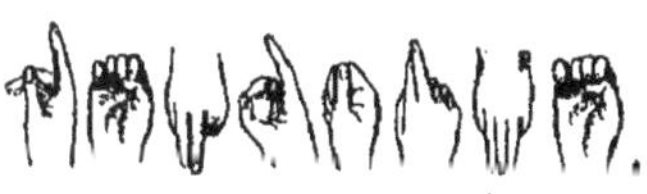

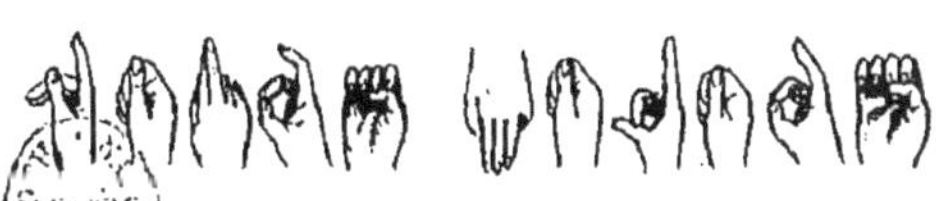

H

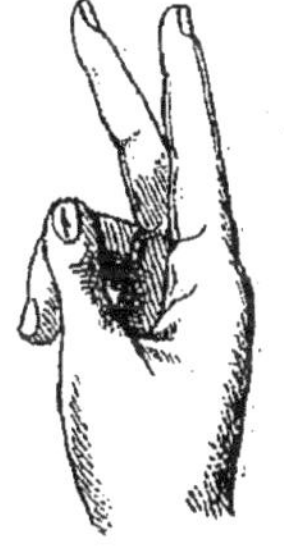

H

Harpe

Hussard

I

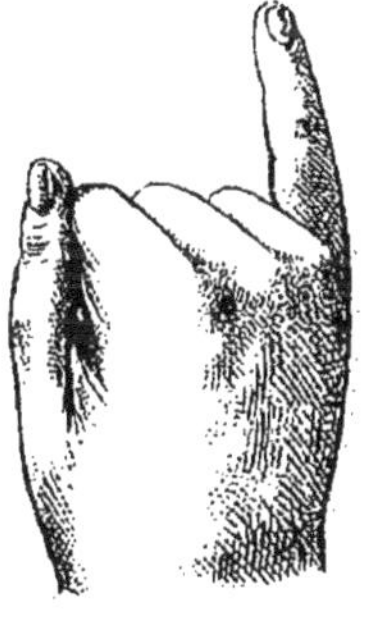

Ignorant

Imprimeur

J

Jésus-Christ

Juge

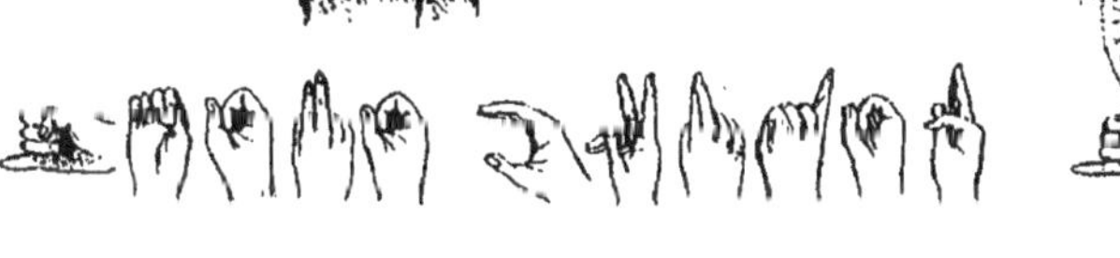

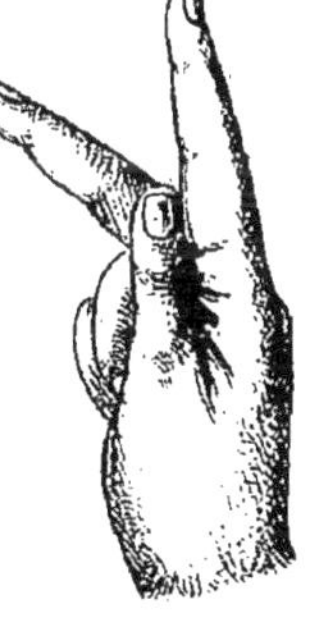

Kabyle

Képi

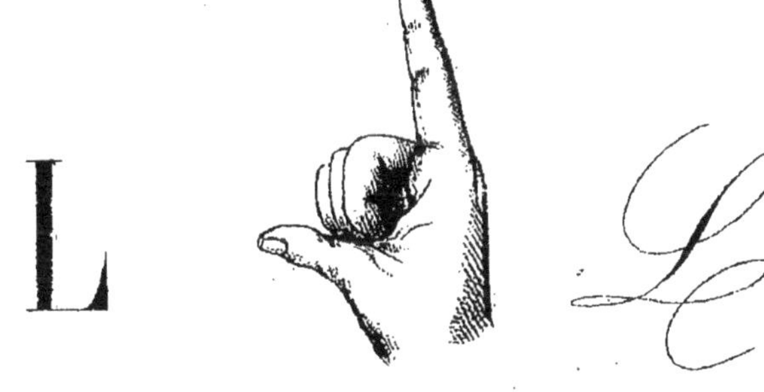

Lapin

Livre

M 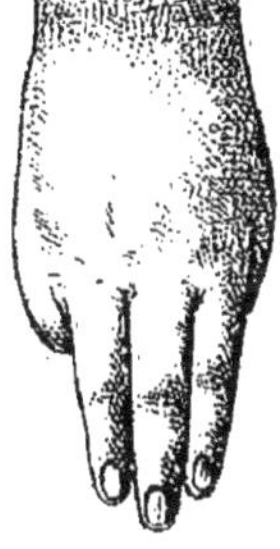 *M*

Mendiant

Malade

N  

Nager

Noix

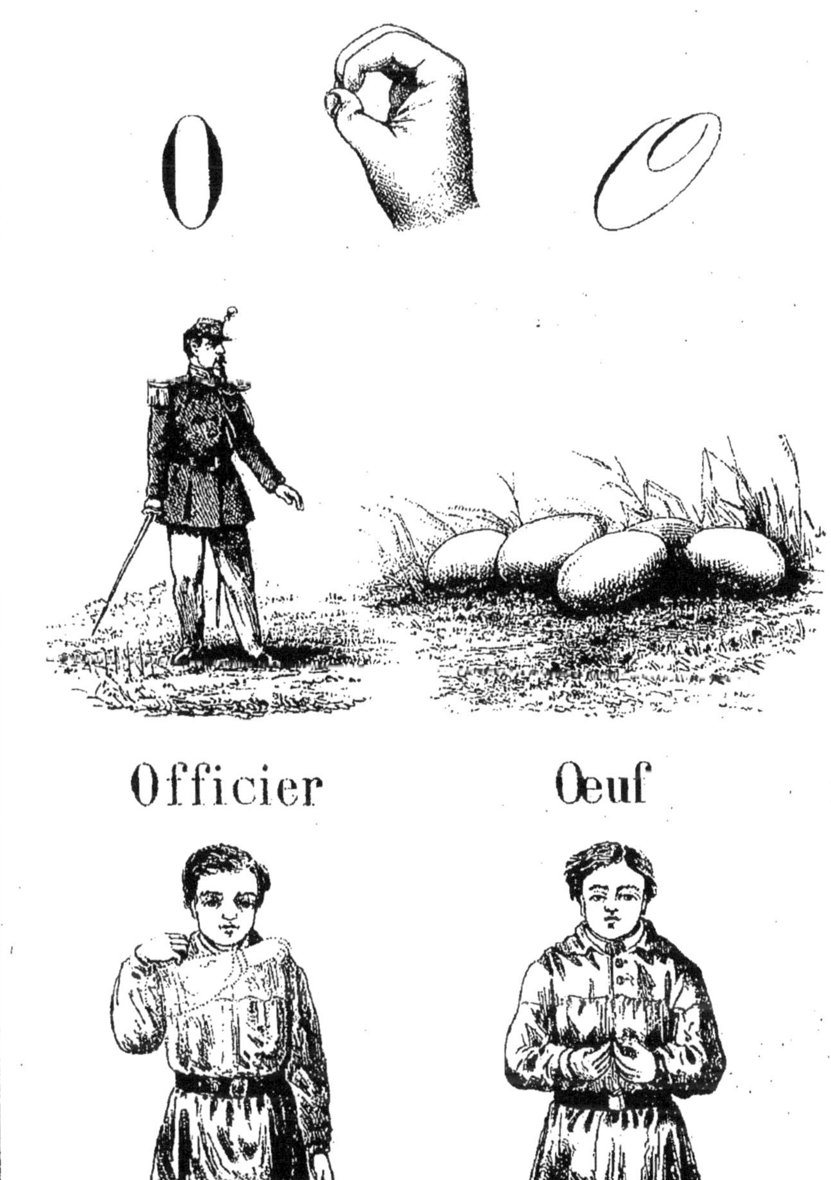
O
Officier
Œuf

P *P*

Pain Paresseux

Q 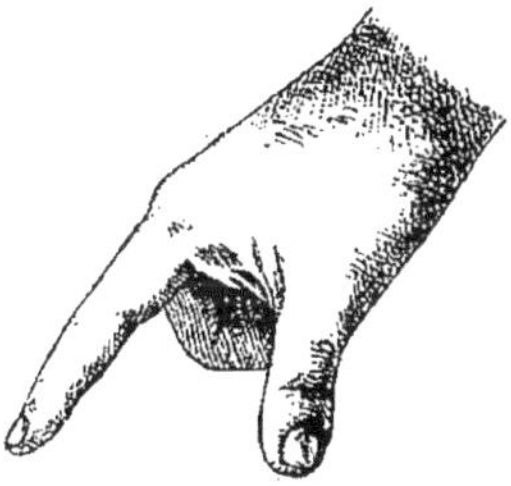 Q

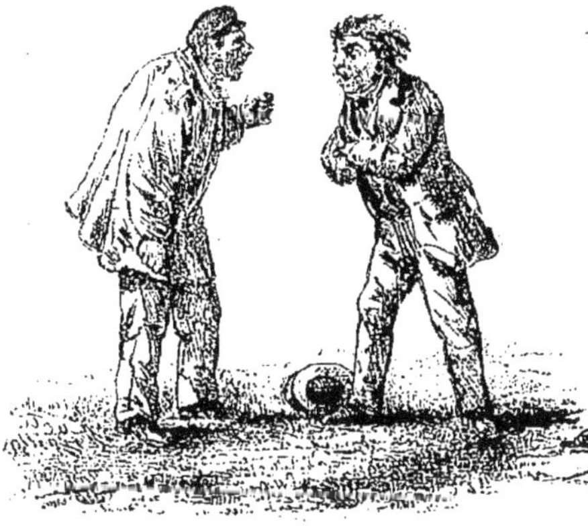

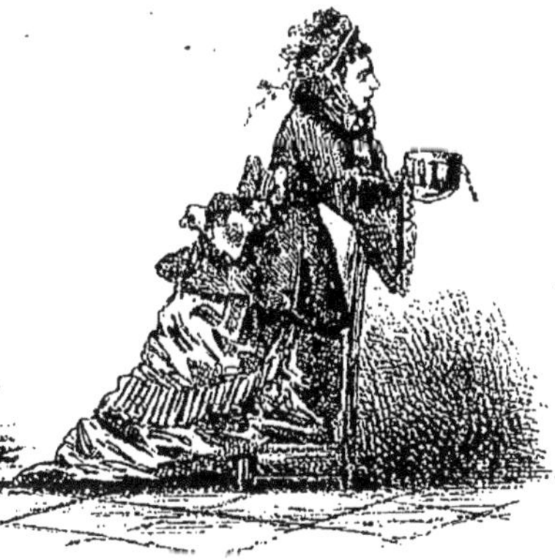

Querelleurs

Quêteuse

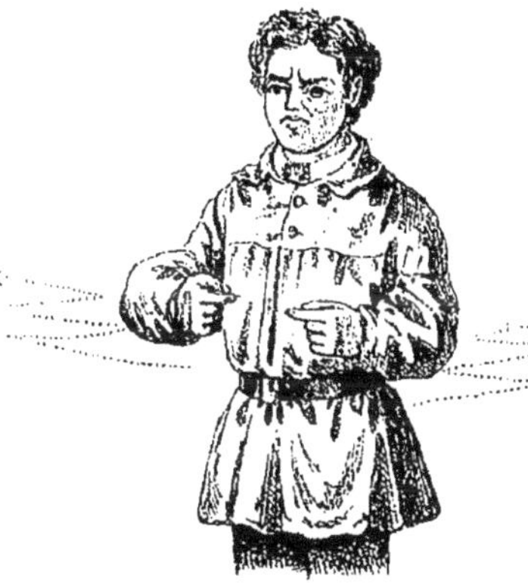

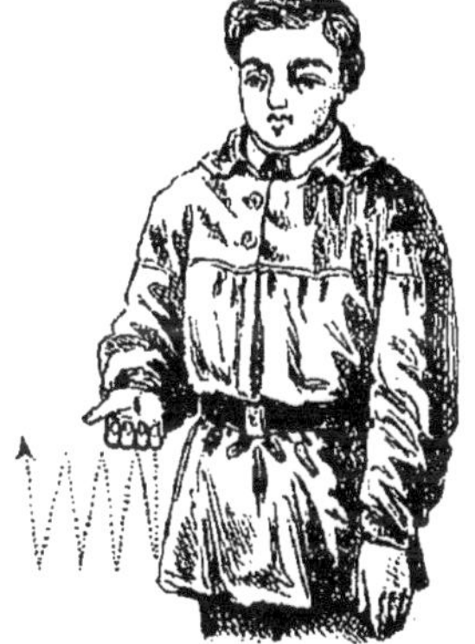

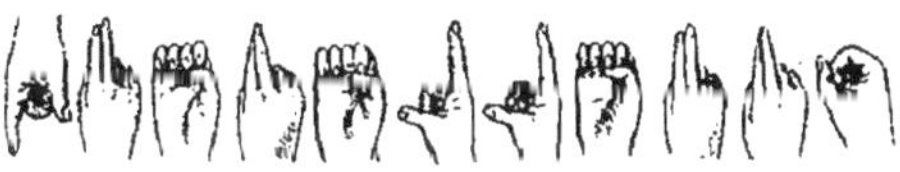

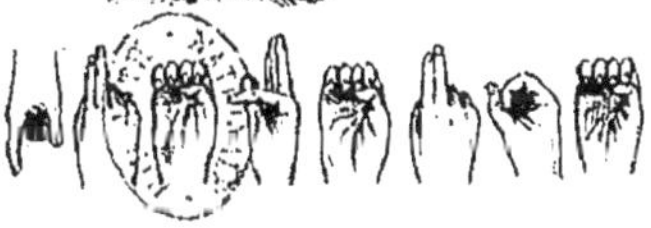

R

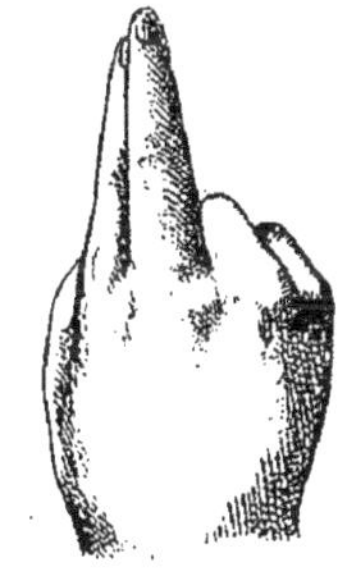

R

Roi

Raisin

Soldat

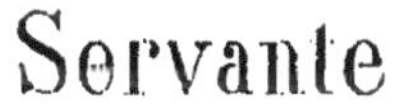

Servante

T  T

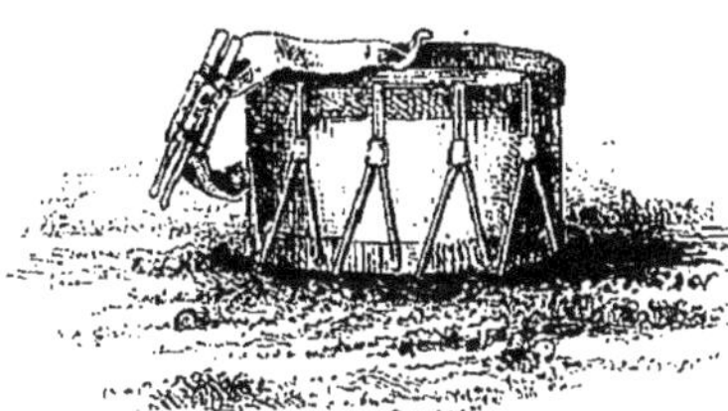

Tambour

Tabatière

U

U

Ursuline

Uniforme

Viande

Vin

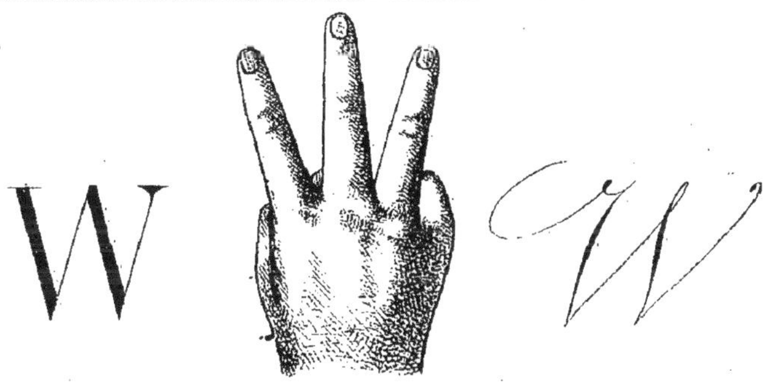

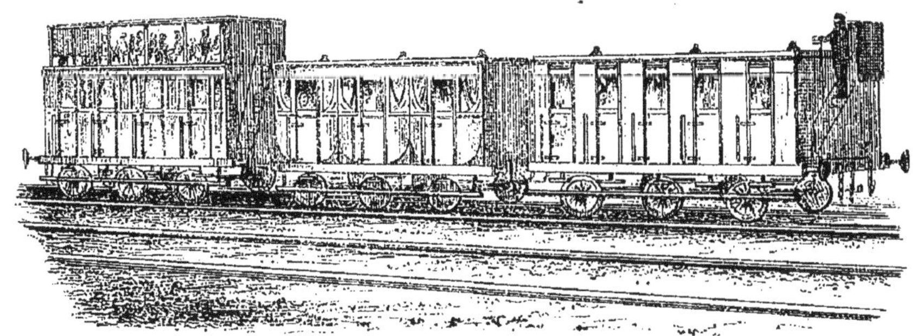

Wagon

X X

Xilographe (Sculpteur sur bois.)

X 𝒳

Xilographe (Sculpteur sur bois.)

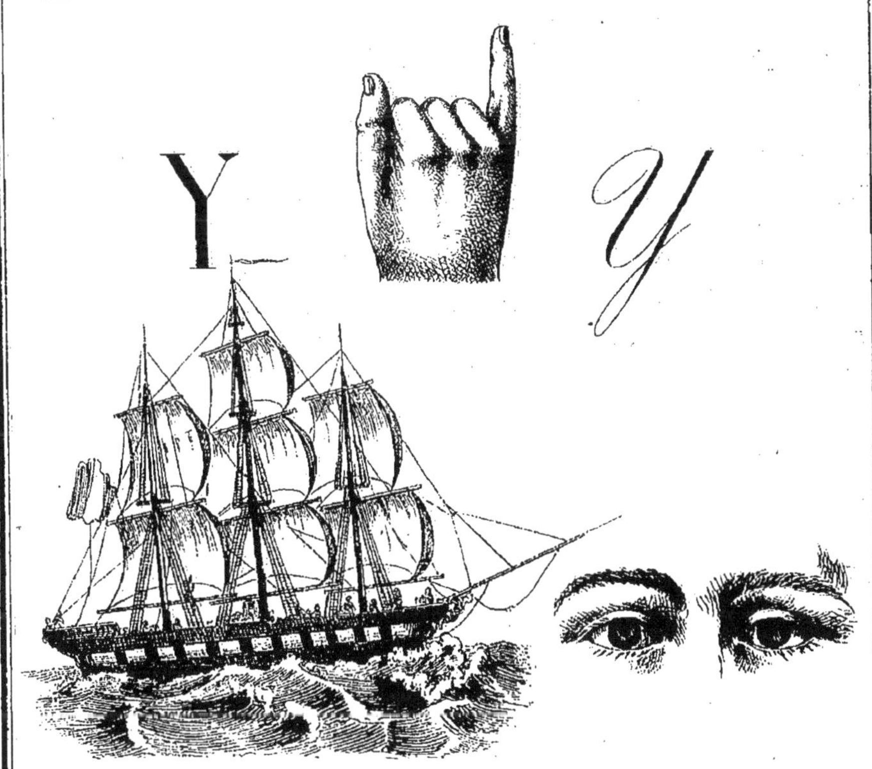

Yacht

Yeux

Z

Z

Zébre

Zouave

EN VENTE.

GRAND TABLEAU DACTYLOLOGIQUE

pour classe

format Jésus .... 1f „

PETIT TABLEAU DE FAMILLE ILLUSTRIE

avec teinte in 1/4 Jésus .... „ 50

ALPHABET

sur carte porcelaine .... „ 15

id vélin .... „ 10

Les mêmes sur papier ordinaire

le cent 2f 50

ALPHABET DACTYLOLOGIQUE

avec 104 dessins variés 1f 25

Imp. J. Clamaron, r. St Jacques, 254.

www.ingramcontent.com/pod-product-compliance
Ingram Content Group UK Ltd.
Pitfield, Milton Keynes, MK11 3LW, UK
UKHW021145220726
13924UKWH00003B/1024

9 782019 198282